LOUEZ DIEU

LAUDATE DEUM

PAPE FRANÇOIS

LOUEZ DIEU
LAUDATE DEUM

Traduction officielle

Document d'Église

BAYARD ÉDITIONS - MAME
LES ÉDITIONS DU CERF

Collection dirigée par
le père Hugues de Woillemont

Bayard Éditions
18 rue Barbès
92128 Montrouge cedex
ISBN 978-2-227-50207-9

Mame
57 rue Gaston Tessier
75019 Paris
ISBN 978-2-728-93577-2

Éditions du Cerf
24, rue des Tanneries
75013 Paris

ISBN 978-2-204-15734-6

EXHORTATION APOSTOLIQUE

LAUDATE DEUM

DU SAINT-PÈRE

Franciscus

À toutes les personnes de bonne volonté
sur la crise climatique

1. « Louez Dieu pour toutes ses créatures. » C'est l'invitation que saint François d'Assise a lancée par sa vie, ses cantiques, ses gestes. Il reprenait ainsi la proposition des psaumes de la Bible et reproduisait la sensibilité de Jésus à l'égard des créatures de son Père : *Observez comment poussent les lis des champs : ils ne travaillent pas, ils ne filent pas. Or je vous dis que Salomon lui-même, dans toute sa gloire, n'était pas habillé comme l'un d'entre eux* (Mt 6, 28-29). *Est-ce que l'on ne vend pas cinq moineaux pour deux sous ? Or pas un seul n'est oublié au regard de Dieu* (Lc 12, 6). Comment ne pas admirer cette tendresse de Jésus pour tous les êtres qui nous accompagnent sur notre route ?

2. Huit années se sont écoulées depuis que j'ai publié la Lettre encyclique *Laudato si'*, voulant partager avec vous tous, frères et sœurs de notre planète éprouvée, mes profondes préoccupations concernant la sauvegarde de la Maison commune. Mais je me rends compte au fil du temps que nos réactions sont insuffisantes alors que le monde qui nous accueille s'effrite et s'approche peut-être d'un point de rupture. Quoi qu'il en soit de cette éventualité, il ne fait aucun doute que l'impact du changement climatique sera de plus en plus préjudiciable à la vie et aux familles de nombreuses personnes. Nous en ressentirons les effets dans les domaines de la santé, de l'emploi, de l'accès aux ressources, du logement, des migrations forcées, etc.

3. Il s'agit d'un problème social global qui est intimement lié à la dignité de la vie humaine. Les évêques des États-Unis ont très bien exprimé le sens social de notre préoccupation à l'égard du changement climatique, qui va au-delà d'une approche purement écologique parce que « l'attention que nous portons les uns aux autres et l'attention que nous portons à la terre sont intimement liées. Le changement climatique est l'un des principaux défis auxquels la société et la communauté mondiale sont confrontées. Les effets du changement climatique sont supportés par les personnes les plus vulnérables, que ce soit chez elles ou dans le monde entier[1] ». Les évêques pré-

[1] Conférence des Évêques Catholiques des États-Unis, *Global Climate Change Background*, 2019.

sents au Synode pour l'Amazonie l'ont également exprimé en peu de mots : « Les attaques contre la nature ont des conséquences sur la vie des peuples[1]. » Et pour exprimer de manière convaincante qu'il ne s'agit plus d'une question secondaire ou idéologique mais d'un drame qui nuit à tout le monde, les évêques africains ont affirmé que le changement climatique met en lumière « un exemple frappant de péché structurel[2] ».

4. La réflexion et les informations que nous avons pu recueillir au cours de ces huit dernières années nous permettent de préciser et de compléter ce

[1] Assemblée Spéciale du Synode des Évêques pour la Région Pan-amazonienne, *Document final*, octobre 2019, n° 10 : *AAS* 111 (2019), p. 1744.

[2] Symposium des Conférences Épiscopales d'Afrique et de Madagascar (SCEAM), *African Climate Dialogues Communiqué*, Nairobi, 17 octobre 2022.

que nous avons affirmé il y a quelque temps. C'est pour cette raison, et parce que la situation est en train de devenir encore plus urgente, que j'ai voulu partager ces pages avec vous.

1.

LA CRISE CLIMATIQUE GLOBALE

5. Nous avons beau essayer de les nier, de les cacher, de les dissimuler ou de les relativiser, les signes du changement climatique sont là, toujours plus évidents. Nul ne peut ignorer que nous avons assisté ces dernières années à des phénomènes extrêmes, à de fréquentes périodes de chaleur inhabituelle, à des sécheresses et à d'autres gémissements de la terre qui ne sont que quelques-unes des expressions tangibles d'une maladie silencieuse qui nous affecte tous. Il est vrai que toute catastrophe ne peut être attribuée d'emblée au changement climatique global. Il est cependant vérifiable que certains changements climatiques provoqués par l'humanité augmentent considérablement la probabilité d'événements extrêmes de plus en plus fréquents et intenses. Ainsi, nous savons que chaque fois que la température mondiale augmente de 0,5 °C, l'intensité comme la fréquence des fortes pluies et des inondations dans certaines régions, des sécheresses graves en d'autres, des chaleurs extrêmes en certains lieux et des chutes de neige abondantes en d'autres, augmentent également[1]. Si nous pouvions jusqu'à maintenant connaître quelques vagues de chaleur par an, que se passera-t-il avec une augmentation de la température globale de 1,5 °C, ce dont nous sommes proches ? De telles vagues de chaleur seront beaucoup plus fréquentes et plus intenses. Si l'on dépasse 2 °C, les couches de glace du Groenland fondront complètement et une bonne

[1] Cf. INTERGOVERNMENTAL PANEL ON CLIMATE CHANGE (IPCC), *Climate Change 2021, The Physical Science Basis*, Cambridge et New York, 2021, B.2.2.

partie de celles de l'Antarctique[1], ce qui aura des conséquences énormes et très graves pour tous.

Résistances et confusions

6. Ces dernières années, de nombreuses personnes ont tenté de se moquer de ce constat. Elles font appel à des données supposées scientifiquement solides, comme le fait que la planète a toujours connu et connaîtra toujours des périodes de refroidissement et de réchauffement. Elles oublient de mentionner un autre fait pertinent : ce à quoi nous assistons aujourd'hui est une accélération inhabituelle du réchauffement, à une vitesse telle qu'il suffit d'une génération – et non des siècles ou des millénaires – pour le constater. Une

[1] Cf. Id., *Climate Change 2023, Synthesis Report, Summary for Policymakers*, B.3.2.

personne peut facilement percevoir, au cours de sa vie, l'élévation du niveau des mers et la fonte des glaciers, et il est probable que, dans quelques années, de nombreuses populations devront déplacer leurs habitations à cause de ces événements.

7. Pour ridiculiser ceux qui parlent de réchauffement global, il est fait référence au fait que, souvent, on constate aussi des froids extrêmes. On oublie que ces symptômes extraordinaires, avec d'autres, ne sont que des expressions alternatives de la même cause : le déséquilibre global provoqué par le réchauffement de la planète. Les sécheresses et les inondations, les lacs asséchés et les populations détruites par des raz-de-marée ou des inondations, ont en définitive la même origine. D'autre part, si nous parlons d'un phénomène global, nous ne pouvons pas le confondre avec des événements transitoires et changeants, qui s'expliquent en grande partie par des facteurs locaux.

8. Le manque d'information conduit à confondre les grandes projections climatiques qui portent sur de longues périodes – nous parlons de décennies – avec les prévisions météorologiques qui peuvent tout au plus couvrir quelques semaines. Lorsque nous parlons de changement climatique, nous faisons référence à une réalité globale – avec des variations locales constantes – qui perdure sur plusieurs décennies.

9. Dans une tentative de simplifier la réalité, certains attribuent la responsabilité aux pauvres parce qu'ils ont beaucoup d'enfants, et ils cherchent même à résoudre le problème en mutilant les femmes des pays les moins développés. Comme toujours, il semblerait que ce soit la faute des pauvres. Mais la réalité est qu'un faible pourcentage des plus riches de la planète pollue plus que les 50 % plus pauvres de la population mondiale, et que les émissions par habitant des pays les plus riches sont très supérieures à celles des pays les plus pauvres[1]. Comment oublier que l'Afrique, qui abrite plus de la moitié des personnes les plus pauvres de la planète, n'est responsable que d'une infime partie des émissions historiques ?

10. On dit aussi souvent que les efforts visant à atténuer le changement climatique, en réduisant l'utilisation des combustibles fossiles et en développant des formes d'énergies plus propres,

[1] Cf. United Nations Environment Program, *The Emission Gap Report 2022*.

entraîneront une réduction des emplois. En réalité, des millions de personnes perdent leur travail en raison des diverses conséquences du changement climatique : tant l'élévation du niveau de la mer que les sécheresses, et bien d'autres phénomènes affectant la planète, ont laissé nombre de personnes à la dérive. Par ailleurs, la transition vers des formes d'énergies renouvelables bien gérées, ainsi que les efforts d'adaptation aux dommages du changement climatique, sont capables de créer d'innombrables emplois dans différents secteurs. Cela exige que les hommes politiques et les hommes d'affaires s'en occupent dès maintenant.

Les causes humaines

11. On ne peut plus douter de l'origine humaine, – « anthropique » – du changement climatique. Voyons pourquoi. La concentration des gaz à effet de serre dans l'atmosphère, qui provoquent le réchauffement de la terre, est restée stable jusqu'au XIXe siècle, en dessous de 300 ppm en volume. Mais, au milieu de ce siècle, coïncidant avec le développement industriel, les émissions ont commencé à augmenter. Au cours des cinquante dernières années, l'augmentation s'est nettement accélérée, comme l'affirme l'observatoire de Mauna Loa qui mesure quotidiennement le dioxyde de carbone depuis 1958. Au moment où j'écrivais *Laudato si'*, le taux atteignait le niveau record de l'histoire – de 400 ppm – pour atteindre 423 ppm en juin 2023[1]. Plus de 42 % du total des émissions nettes produites depuis 1850 l'ont été après 1990[2].

[1] Cf. NATIONAL OCEANIC AND ATMOSPHERIC ADMINISTRATION, Earth System Research Laboratory, Global Monitoring Division, *Trends in Atmospheric Carbon Dioxide*.

[2] Cf. IPCC, *Climate Change 2023*, *Synthesis Report, Summary for Policymakers*, A.1.3.

12. En même temps, nous constatons que, durant ces cinquante dernières années, la température a augmenté à une vitesse jamais vue au cours des deux derniers millénaires. Pendant cette période, la tendance a été d'un réchauffement de 0,15 °C par décennie, le double de ce qui s'est passé au cours des 150 dernières années. De 1850 à nos jours, la température globale a augmenté de 1,1 °C, un phénomène amplifié dans les zones polaires. À ce rythme, il est possible que nous atteignions dans dix ans la limite supérieure recommandée de 1,5 °C[1]. L'augmentation ne se produit pas seulement à la surface de la terre, mais aussi à plusieurs kilomètres d'altitude dans l'atmosphère, à la surface des océans et même à des centaines de mètres de profondeur. L'acidité des mers a ainsi augmenté et leur teneur en oxygène a été réduite. Les glaciers reculent, la couver-

[1] Cf. *Ibid.*, B.5.3.

ture neigeuse diminue et le niveau des mers ne cesse de monter[1].

13. Il n'est pas possible de dissimuler la coïncidence entre ces phénomènes climatiques mondiaux et la croissance accélérée des émissions de gaz à effet de serre, en particulier depuis le milieu du XXe siècle. Cette corrélation est défendue par une écrasante majorité de spécialistes du climat, et seul un infime pourcentage d'entre eux tente de nier cette évidence. Malheureusement, la crise climatique n'est pas vraiment un sujet d'intérêt pour les grandes puissances économiques, soucieuses du plus grand profit au moindre coût et dans les plus brefs délais possibles.

[1] Ces données de l'IPCC sont basées sur 34000 études : Intergovernmental Panel on Climate Change ; cf. *Synthesis Report of the Sixth Assessment Report (20/03/2023) : AR6 Synthesis Report : Climate Change 2023 (ipcc.ch).*

14. Je suis obligé d'apporter ces précisions, qui peuvent sembler évidentes, à cause de certaines opinions méprisantes et déraisonnables que je rencontre même au sein de l'Église catholique. Mais nous ne pouvons plus douter que la cause de la rapidité inhabituelle de ces changements dangereux est un fait indéniable : les énormes changements liés à l'intervention effrénée de l'homme sur la nature au cours des deux derniers siècles. Les éléments d'origine naturelle qui provoquent généralement un réchauffement, tels que les éruptions volcaniques et autres, ne suffisent pas à expliquer l'ampleur et la rapidité des changements survenus au cours des dernières décennies[1]. L'évolution des températures moyennes à la surface ne peut être expliquée sans l'effet de l'augmentation des gaz à effet de serre.

[1] Cf. IPCC, *Climate Change 2023*, *Synthesis Report, Summary for Policymakers*, A.1.2.

Dommages et risques

15. Certaines manifestations de cette crise climatique sont déjà irréversibles pour des centaines d'années au moins, comme l'augmentation de la température globale des océans, leur acidification et leur appauvrissement en oxygène. Les eaux océaniques ont une inertie thermique et il faut des siècles pour normaliser la température et la salinité, ce qui affecte la survie de nombreuses espèces. C'est un signe, parmi tant d'autres, que les autres créatures de ce monde ont cessé d'être nos compagnes de route pour devenir nos victimes.

16. Il en va de même pour le processus conduisant à la diminution des glaces continentales. La fonte des pôles ne pourra être inversée avant des centaines d'années. En matière de climat, certains facteurs perdurent longtemps, indépendamment des faits qui les ont déclenchés. C'est pourquoi nous ne pouvons plus arrêter les énormes dégâts que nous avons causés. Nous avons juste le temps d'éviter des dégâts encore plus dramatiques.

17. Certains diagnostics apocalyptiques semblent souvent peu rationnels ou insuffisamment fondés. Cela ne doit pas nous faire ignorer que la possibilité de parvenir à un point critique est réelle. Des changements mineurs peuvent provoquer des changements plus grands, imprévus et peut-être déjà irréversibles, en raison de facteurs d'inertie. Cela pourrait finir par déclencher une cascade d'événements qui se précipiteraient comme un effet boule de neige. Dans une telle éventualité, nous serons toujours en retard, car aucune intervention ne pourra arrêter le processus déjà commencé. Aucun retour en arrière ne sera possible. Nous ne pouvons pas affirmer avec certitude, à partir des conditions actuelles, que cela se produira. Mais c'est assurément une possibilité si l'on tient compte des phénomènes déjà en cours qui « sensibilisent » au climat, comme le rétrécissement de la banquise, la modification des flux océaniques, la déforestation des zones tropicales, la fonte du permafrost en Sibérie[1].

18. Il est donc urgent d'adopter une vision plus large qui nous permette non seulement d'admirer les merveilles du progrès, mais aussi de prêter attention à d'autres effets que nous n'aurions probablement pas pu imaginer il y a un siècle. Il ne nous est rien demandé de plus qu'une certaine responsabilité face à l'héritage que nous laisserons de notre passage en ce monde.

[1] Cf. *Ibid.*

19. Enfin, on peut ajouter que la pandémie de Covid-19 a démontré l'étroite relation de la vie humaine avec celle des autres êtres vivants et l'environnement. Mais elle a surtout confirmé combien ce qui se passe partout dans le monde a des répercussions sur l'ensemble de la planète. Cela me permet de répéter deux convictions sur lesquelles j'insiste infatigablement : « tout est lié » et « personne ne se sauve tout seul ».

2.

DAVANTAGE DE PARADIGME TECHNOCRATIQUE

20. J'ai donné dans *Laudato si'* une brève explication du paradigme technocratique qui se trouve derrière le processus actuel de dégradation de l'environnement. C'est « une manière de comprendre la vie et l'activité humaine qui a dévié et qui contredit la réalité jusqu'à lui nuire[1] ». Au fond, il consiste à penser « comme si la réalité, le bien et la vérité surgissaient spontanément du pouvoir technologique et économique lui-même[2] ». En conséquence logique, « on en vient facilement à l'idée d'une croissance infinie ou illimitée, qui a enthousiasmé beaucoup d'économistes, de financiers et de technologues[3] ».

[1] Lettre encyclique *Laudato si'* (24 mai 2015), n° 101 : *AAS* 107 (2015), p. 887.

[2] *Ibid.*, n° 105 : *AAS* 107 (2015), p. 889.

[3] *Ibid.*, n° 106 : *AAS* 107 (2015), p. 890.

21. Au cours des dernières années, nous avons pu confirmer ce diagnostic tout en assistant à une nouvelle avancée du paradigme en question. L'intelligence artificielle et les dernières innovations technologiques partent de l'idée d'un être humain sans aucune limite, dont les capacités et les possibilités pourraient être étendues à l'infini grâce à la technologie. Le paradigme technocratique s'alimente ainsi lui-même de façon monstrueuse.

22. Les ressources naturelles nécessaires à la technologie, comme le lithium, le silicium et bien d'autres, ne sont certes pas illimitées, mais le plus grand problème est l'idéologie qui sous-tend une obsession : accroître au-delà de l'imaginable le pouvoir de l'homme, face auquel la réalité non humaine est une simple ressource à son service. Tout ce qui existe cesse d'être un don qu'il faut apprécier, valoriser et protéger, et devient l'esclave, la victime de tous les caprices de l'esprit humain et de ses capacités.

23. Il est effrayant de constater que les capacités accrues de la technologie donnent « à ceux qui ont la connaissance, et surtout le pouvoir économique d'en faire usage, une emprise impressionnante sur l'ensemble de l'humanité et sur le monde entier. Jamais l'humanité n'a eu autant de pouvoir sur elle-même et rien ne garantit qu'elle s'en servira bien, surtout si l'on considère la manière dont elle est en train de l'utiliser [...]. En quelles mains se trouve et pourrait se trouver tant de pouvoir ? Il est terriblement risqué qu'il réside en une petite partie de l'humanité[1] ».

[1] *Ibid.*, n° 104 : *AAS* 107 (2015), p. 888-889.

Repenser notre usage du pouvoir

24. Toute augmentation de pouvoir n'est pas forcément un progrès pour l'humanité. Il suffit de penser aux technologies « admirables » qui ont été utilisées pour décimer des populations, lancer des bombes atomiques, anéantir des groupes ethniques. Il y a eu des moments de l'histoire où l'admiration du progrès ne permettait pas de voir l'horreur de ses effets. Mais c'est un risque toujours présent, car « l'immense progrès technologique n'a pas été accompagné d'un développement de l'être humain en responsabilité, en valeurs, en conscience [...]. L'homme est nu, exposé à son propre pouvoir toujours grandissant, sans avoir les éléments pour le contrôler. Il peut disposer de mécanismes superficiels, mais nous pouvons affirmer qu'il lui manque aujourd'hui une éthique solide, une culture et une spiritualité qui le limitent réellement et le contiennent dans une abnégation lucide[1] ». Il n'est pas étonnant qu'un pouvoir aussi grand en de telles mains puisse anéantir la vie, alors que la matrice de pensée propre au paradigme technocratique nous aveugle et ne nous permet pas de voir ce problème très grave de l'humanité d'aujourd'hui.

25. Contrairement à ce paradigme technocratique, nous affirmons que le monde qui nous entoure n'est pas un objet d'exploitation, d'utilisation débridée, d'ambitions illimitées. Nous ne pouvons même pas dire que la nature serait un simple « cadre » où nous développerions nos vies et nos projets, car « nous sommes inclus en elle, nous en sommes une partie, et nous sommes

[1] *Ibid.*, n° 105 : *AAS* 107 (2015), p. 889.

enchevêtrés avec elle[1] », de sorte que « le monde ne se contemple pas de l'extérieur mais de l'intérieur[2] ».

26. Cela exclut l'idée que l'être humain serait un étranger, un facteur externe capable seulement de nuire à l'environnement. Il doit être considéré comme faisant partie de la nature. La vie humaine, l'intelligence et la liberté sont insérées dans la nature qui enrichit notre planète, elles font partie de ses forces internes et de son équilibre.

27. C'est pourquoi un environnement sain est aussi le produit de l'interaction de l'homme avec l'environnement, comme c'est le cas des cultures indigènes et comme cela a été le cas

[1] *Ibid.*, n° 139 : *AAS* 107 (2015), p. 903.
[2] *Ibid.*, n° 220 : *AAS* 107 (2015), p. 934.

durant des siècles dans différentes régions du monde. Les groupes humains ont très souvent « créé » l'environnement[1], l'ont remodelé d'une manière ou d'une autre sans le détruire ni le mettre en danger. Le grand problème aujourd'hui est que le paradigme technocratique a détruit cette relation saine et harmonieuse. Cependant, l'indispensable dépassement de ce paradigme aussi néfaste et destructeur ne se trouve pas dans la négation de l'être humain, mais inclut l'interaction entre les systèmes naturels et « les systèmes sociaux[2] ».

28. Nous devons tous repenser la question du pouvoir humain, de sa signification et de ses limites. En effet,

[1] Cf. S. Sörlin – P. Warde, *Making the Environment Historical. An Introduction*, in Idem, *Nature's End: History and the Environment*, Basingstoke – New York, 2009, p. 1-23.

[2] Lettre encyclique *Laudato si'* (24 mai 2015), n° 139 : *AAS* 107 (2015), p. 903.

notre pouvoir s'est accru de manière effrénée en peu de décennies. Nous avons fait des progrès technologiques impressionnants et stupéfiants, et nous ne nous rendons pas compte que, dans le même temps, nous sommes devenus extrêmement dangereux, capables de mettre en danger la vie de beaucoup d'êtres ainsi que notre propre survie. Il y a lieu de répéter aujourd'hui l'ironie de Soloviev : un siècle tellement avancé qu'il a des chances d'être le dernier[1]. Lucidité et honnêteté sont nécessaires pour reconnaître à temps que notre pouvoir et le progrès que nous générons se retournent contre nous-mêmes[2].

[1] Cf. V. Soloviev, *Trois entretiens sur la guerre, la morale et la religion*, Genève, 2005.

[2] Cf. S. Paul VI, *Discours à la FAO pour son 25e anniversaire* (16 novembre 1970), n° 4 : *AAS* 62 (1970), p. 833.

L'aiguillon éthique

29. La décadence éthique du pouvoir réel est déguisée par le marketing et les fausses informations, qui sont des mécanismes utiles aux mains de ceux qui disposent de plus de ressources afin d'influencer l'opinion publique. Grâce à ces mécanismes, lorsqu'il est prévu de lancer un projet à fort impact environnemental et aux effets polluants importants, on illusionne les habitants de la région en leur parlant du progrès local qui pourra être généré, ou des opportunités économiques en matière d'emploi et de promotion humaine que cela signifiera pour leurs enfants. Mais en réalité, on ne semble pas s'intéresser vraiment à l'avenir de ces personnes, car on ne leur dit pas clairement qu'à la suite de tel projet, il résultera une terre dévastée, des conditions beaucoup plus défavorables pour vivre et prospérer, une région désolée, moins habitable, sans vie et sans la joie de la coexistence et de l'espérance, sans compter les dommages globaux qui finiront par nuire à beaucoup d'autres.

30. Il suffit de penser à l'enthousiasme éphémère causé par l'argent reçu en échange du dépôt de déchets nucléaires sur un site. La maison que l'on a pu acheter avec cet argent s'est transformée en tombeau à cause des maladies qui se sont déclarées. Et je ne parle pas en raison d'une imagination débordante, mais à partir d'une expérience vécue. On pourra dire qu'il s'agit d'un exemple extrême, mais il n'est pas possible de parler ici de dommages « mineurs », car c'est la somme totale de nombreux dommages considérés comme tolérables qui finit par conduire à la situation dans laquelle on se trouve aujourd'hui.

31. Cette situation ne relève pas seulement de la physique ou de la biologie, mais aussi de l'économie et de notre façon de la penser. La logique du profit maximum au moindre coût, déguisée en rationalité, en progrès et en promesses illusoires, rend impossible tout souci sincère de la Maison commune et toute préoccupation pour la promotion des laissés-pour-compte de la société. Nous avons constaté ces dernières années que, étourdis et enchantés par les promesses de si nombreux faux prophètes, les pauvres eux-mêmes tombent parfois dans la tromperie d'un monde qui ne se construit pas pour eux.

32. Des idées erronées se développent autour de la prétendue « méritocratie » qui est devenue un pouvoir humain « mérité » auquel tout doit se soumettre, une domination de ceux qui sont nés dans de meilleures conditions de développement.

C'est une chose d'avoir une saine conception de la valeur de l'engagement, du développement de ses propres capacités et d'un louable esprit d'initiative ; mais si l'on ne recherche pas une réelle égalité des chances, cela devient facilement un écran qui renforce plus encore les privilèges de quelques-uns ayant davantage de pouvoir. Dans cette logique perverse, qu'ont-ils à faire des dommages causés à la Maison commune s'ils se sentent en sécurité sous la prétendue armure des ressources économiques qu'ils ont obtenues grâce à leurs capacités et à leurs efforts ?

33. Dans leur conscience, et face au visage des enfants qui paieront les dégâts de leurs actions, la question du sens se pose : quel est le sens de ma vie, quel est le sens de mon passage sur cette terre, quel est le sens, en définitive, de mon travail et de mes efforts ?

3.

LA FAIBLESSE DE LA POLITIQUE INTERNATIONALE

34. Alors que « l'histoire est en train de donner des signes de recul [...] chaque génération doit faire siens les luttes et les acquis des générations passées et les conduire à des sommets plus hauts encore. C'est là le chemin. Le bien, comme l'amour également, la justice et la solidarité ne s'obtiennent pas une fois pour toutes ; il faut les conquérir chaque jour[1] ». Pour obtenir un progrès solide et durable, j'insiste sur le fait que « les accords multilatéraux entre les États doivent avoir une place de choix[2] ».

[1] Lettre encyclique *Fratelli tutti* (3 octobre 2020), n° 11 : *AAS* 112 (2020), p. 972.

[2] *bid.*, n° 174 : *AAS* 112 (2020), p. 1030.

35. Le multilatéralisme ne doit pas être confondu avec une autorité mondiale concentrée sur une seule personne ou sur une élite au pouvoir excessif : « Lorsqu'on parle de la possibilité d'une forme d'autorité mondiale régulée par le droit, il ne faut pas nécessairement penser à une autorité personnelle[1]. » Nous parlons surtout « d'organisations mondiales plus efficaces, dotées d'autorité pour assurer le bien commun mondial, l'éradication de la faim et de la misère ainsi qu'une réelle défense des droits humains fondamentaux[2] ». Il s'agit de les doter d'une véritable autorité pour « assurer » la réalisation de certains objectifs auxquels on ne peut renoncer. Il en résultera un multilatéralisme qui ne dépendra pas des circonstances politiques changeantes ou des intérêts de quelques-uns, et qui aura une efficacité stable.

[1] *Ibid.*, n° 172 : *AAS* 112 (2020), p. 1029.
[2] *Ibid.*

36. Il reste regrettable que les opportunités créées par les crises mondiales soient perdues alors qu'elles seraient l'occasion d'apporter des changements salutaires[1]. C'est ce qui s'est passé lors de la crise financière de 2007-2008, et qui s'est reproduit lors de la crise de la Covid-19. En effet, « les réelles stratégies, développées ultérieurement dans le monde, semblent avoir visé plus d'individualisme, plus de désintégration, plus de liberté pour les vrais puissants qui trouvent toujours la manière de s'en sortir indemnes[2] ».

Reconfigurer le multilatéralisme

37. Plutôt que de sauver l'ancien multilatéralisme, il semble que le défi consiste aujourd'hui à le reconfigurer

[1] Cf. *Ibid.*, n° 170 : *AAS* 112 (2020), p. 1029.
[2] *Ibid.*

et à le recréer à la lumière de la nouvelle situation mondiale. J'invite à reconnaître que « beaucoup de regroupements et d'organisations de la société civile aident à pallier les faiblesses de la Communauté internationale, son manque de coordination dans des situations complexes, son manque de vigilance en ce qui concerne les droits humains fondamentaux[1] ». Le processus d'Ottawa contre l'utilisation, la production et la fabrication des mines antipersonnel est un exemple qui montre comment la société civile avec ses organisations est capable de créer des dynamiques efficaces que les Nations unies ne peuvent pas atteindre. Ainsi, le *principe de subsidiarité* s'applique également à la relation mondial-local.

38. À moyen terme, la mondialisation favorise les échanges culturels sponta-

[1] *Ibid.*, n° 175 : *AAS* 112 (2020), p. 1031.

nés, une plus grande connaissance mutuelle et des chemins d'intégration des populations qui finissent par conduire à un multilatéralisme « d'en bas » et pas seulement décidé par les élites du pouvoir. Les revendications qui émergent d'en bas partout dans le monde, où les militants des pays les plus divers s'entraident et s'accompagnent, peuvent finir par exercer une pression sur les facteurs de pouvoir. On peut espérer qu'il en sera ainsi concernant la crise climatique. C'est pourquoi je répète que « si les citoyens ne contrôlent pas le pouvoir politique – national, régional et municipal – un contrôle des dommages sur l'environnement n'est pas possible non plus[1] ».

39. La culture postmoderne a généré une *nouvelle sensibilité* à l'égard des

[1] Lettre encyclique *Laudato si'* (24 mai 2015), n° 179 : *AAS* 107 (2015), p. 918.

personnes les plus faibles et moins dotées de pouvoir. Cela rejoint mon insistance, dans l'encyclique *Fratelli tutti*, sur le primat de la personne humaine et la défense de sa dignité en toutes circonstances. C'est une autre façon d'inviter au multilatéralisme pour résoudre les problèmes réels de l'humanité, en recherchant avant tout le respect de la dignité des personnes, de telle sorte que l'éthique prime les intérêts locaux ou de circonstance.

40. Il ne s'agit pas de remplacer la politique, car, d'un autre côté, les puissances émergentes deviennent de plus en plus importantes et sont en fait capables d'obtenir des résultats significatifs dans la résolution de problèmes concrets, comme certaines d'entre elles l'ont démontré au cours de la pandémie. Le fait que les réponses aux problèmes peuvent venir de n'importe quel pays, aussi petit soit-il, finit par faire reconnaître le multilatéralisme comme une voie inévitable.

41. La vieille diplomatie, elle aussi en crise, continue de montrer son importance et sa nécessité. Elle n'a cependant pas encore réussi à générer un modèle de diplomatie multilatérale qui réponde à la nouvelle configuration du monde, mais, si elle est capable de se reconfigurer, elle devra faire partie de la solution, car l'expérience des siècles ne peut pas non plus être rejetée.

42. Le monde devient tellement multipolaire, et en même temps tellement complexe, qu'un cadre différent pour une coopération efficace est nécessaire. Il ne suffit pas de penser aux rapports de force, mais aussi à la nécessité de répondre aux nouveaux défis, et de réagir avec des mécanismes mondiaux aux défis environnementaux, sanitaires, culturels et sociaux, en particulier pour renforcer le respect des droits de l'homme les plus élémentaires, des droits sociaux et la protection de la Maison commune. Il s'agit d'établir des règles globales et efficaces pour « assurer » cette protection mondiale.

43. Tout cela suppose l'initiation d'un nouveau processus de prise de décisions et de légitimation de celles-ci, car ce qui a été mis en place il y a plusieurs décennies n'est pas suffisant et ne semble pas efficace. Dans ce cadre, des espaces de conversation, de consultation, d'arbitrage, de résolution des conflits et de supervision sont nécessaires, bref, une sorte de plus grande « démocratisation » dans la sphère mondiale pour exprimer et intégrer les différentes situations. Il n'est pas utile de soutenir des institutions dans le but préserver les droits des plus forts sans se préoccuper des droits de tous.

4.
LES CONFÉRENCES SUR LE CLIMAT

Progrès et échecs

44. Depuis des décennies, les représentants de plus de 190 pays se réunissent régulièrement pour aborder la question du climat. La conférence de Rio de Janeiro de 1992 a débouché sur l'adoption de la Convention sur le changement climatique (UNFCCC), un traité qui est entré en vigueur lorsque les pays signataires ont procédé aux ratifications nécessaires, en 1994. Ces États se réunissent chaque année lors de la Conférence des Parties (COP), l'organe de décision le plus élevé. Certaines ont été des échecs, comme celle de Copenhague (2009), tandis que d'autres ont permis de franchir des étapes importantes, comme la COP3 de Kyoto (1997). Son précieux Protocole a fixé comme objectif la réduction des émissions globales de gaz à effet de serre de 5 % par rapport à 1990. L'échéance était fixée à 2012, mais elle n'a manifestement pas été respectée.

45. Toutes les parties se sont en outre engagées à mettre en œuvre les programmes d'adaptation déjà en cours pour réduire les effets du changement climatique. Une aide a également été prévue pour couvrir les coûts de ces mesures dans les pays en voie de développement. Le Protocole est entré en vigueur en 2005.

46. Par la suite, un mécanisme pour les pertes et dommages (*loss and damage*) causés par le changement climatique a été proposé, qui reconnaisse les pays les plus riches comme les principaux responsables et qui cherche à compenser les pertes et dommages provoqués par le changement climatique dans les pays les plus vulnérables. Il ne s'agit plus de financer l'« adaptation » de ces pays, mais de les indemniser pour les dommages qu'ils ont déjà subis. Cette question a fait l'objet d'importantes discussions lors de diverses COP.

47. La COP21 de Paris (2015) a été un autre moment important car elle a débouché sur un accord impliquant tout le monde. Elle peut être considérée comme un nouveau départ étant donné que les objectifs fixés lors de l'étape précédente n'ont pas été atteints. L'accord est entré en vigueur le 4 novembre 2016. Bien qu'il s'agisse d'un accord contraignant, toutes les exigences ne sont pas des obligations au sens strict et certaines d'entre elles laissent une grande marge de manœuvre. En outre, pour les obligations qui ne sont pas respectées, aucune sanction n'est strictement prévue et il n'y a pas d'instruments efficaces pour en garantir l'observation. L'accord prévoit également des formes de flexibilité pour les pays en voie de développement.

48. L'accord de Paris présente un objectif majeur à long terme : maintenir l'augmentation de la température globale en dessous de 2 °C par rapport aux niveaux préindustriels, tout en visant à descendre en dessous de 1,5 °C. On travaille encore à renforcer les procédures concrètes de suivi, et à fournir des critères généraux pour comparer les objectifs des différents pays. Cela rend difficile une évaluation plus objective (quantitative) des résultats réels.

49. Après quelques Conférences aux résultats médiocres et la déception de la COP25 de Madrid (2019), on espérait que cette inertie serait inversée lors de la COP26 de Glasgow (2021). Fondamentalement, son résultat fut de relancer l'accord de Paris, remis en cause par les contraintes et les effets de la pandémie. À cela s'ajouta une abondance d'« exhortations » dont l'impact réel était peu prévisible. Les propositions visant à assurer une transition rapide et efficace vers des énergies alternatives et moins polluantes n'ont pas pu progresser.

50. La COP27 de Charm el-Cheikh (2022) a été menacée dès le départ par la situation créée par l'invasion de l'Ukraine qui a provoqué une importante crise économique et énergétique. L'utilisation du charbon a augmenté et tout le monde a voulu sécuriser son approvisionnement. Les pays en voie de développement ont considéré l'accès à l'énergie et aux opportunités de développement comme une priorité absolue. Il a été clairement reconnu que les combustibles fossiles fournissent encore 80 % de l'énergie mondiale et que leur utilisation continue d'augmenter.

51. Cette Conférence égyptienne a été un nouvel exemple de la difficulté des négociations. On peut dire qu'elle a au moins permis d'avancer dans le renforcement du système de financement des « pertes et dommages » dans les pays les plus touchés par les catastrophes climatiques. Cela a semblé donner une nouvelle voix et une plus grande participation aux pays en voie de développement. Mais, même sur cette question, de nombreux points sont restés imprécis, en particulier la responsabilité spécifique des pays qui doivent contribuer.

52. Aujourd'hui, nous pouvons continuer à affirmer que « les accords n'ont été que peu mis en œuvre parce qu'aucun mécanisme adéquat de contrôle, de révision périodique et de sanction en cas de manquement, n'a été établi. Les principes énoncés demandent encore des moyens, efficaces et souples, de mise en œuvre pratique[1] ». En outre, « les négociations internationales ne peuvent pas avancer de manière significative en raison de la position des pays qui mettent leurs intérêts nationaux au-dessus du bien commun général. Ceux qui souffriront des conséquences que nous tentons de dissimuler rappelleront ce manque de conscience et de responsabilité[2] ».

[1] *Ibid.*, n° 167 : *AAS* 107 (2015), p. 914.
[2] *Ibid.*, n° 169 : *AAS* 107 (2015), p. 915.

5.

QUE PEUT-ON ESPÉRER DE LA COP28 DE DUBAÏ ?

53. Les Émirats arabes unis accueilleront la prochaine Conférence des Parties (COP28). C'est un pays du golfe Persique qui se définit comme un grand exportateur d'énergies fossiles, bien qu'il ait fait d'importants investissements dans les énergies renouvelables. Pendant ce temps, les compagnies pétrolières et gazières ambitionnent de réaliser de nouveaux projets pour augmenter encore la production. Dire qu'il n'y a rien à espérer serait un acte suicidaire qui conduirait à exposer toute l'humanité, en particulier les plus pauvres, aux pires impacts du changement climatique.

54. Si nous avons confiance dans la capacité de l'être humain à transcender ses petits intérêts et à penser en grand, nous ne pouvons renoncer à rêver que cette COP28 conduira à une accélération marquée de la transition énergétique, avec des engagements effectifs et susceptibles d'un suivi permanent. Cette Conférence peut être un tournant si elle démontre que tout ce qui a été fait depuis 1992 était sérieux et en valait la peine, sans quoi elle sera une grande déception et mettra en péril tout le bien qui a pu être accompli jusqu'à maintenant.

55. Malgré de multiples négociations et accords, les émissions mondiales ont continué à augmenter. Il est vrai que l'on peut affirmer que, sans ces accords, ils auraient augmenté plus encore. Mais sur d'autres sujets liés à l'environnement, des résultats très significatifs ont été obtenus lorsqu'il y a eu de la volonté, comme cela a été le cas pour la protection de la couche d'ozone. En revanche, la transition nécessaire vers les énergies propres comme les énergies éolienne et solaire, en abandonnant les combustibles fossiles, ne va pas assez vite. Par conséquent, ce qui est fait risque d'être interprété comme un simple jeu de diversion.

56. Nous devons cesser de sembler être conscients du problème sans avoir, dans le même temps, le courage de faire des changements substantiels. Nous savons qu'à ce rythme nous dépasserons dans quelques années seulement la limite souhaitable de 1,5 °C et que nous pourrions atteindre en peu de temps 3 °C, avec le haut risque d'atteindre un point critique. Même si nous n'arrivons pas à ce point de non-retour, il est certain que les conséquences seraient désastreuses et que des mesures devraient être prises hâtivement, avec des coûts énormes et des conséquences économiques et sociales extrêmement graves et intolérables. Si les mesures que nous prenons maintenant ont des coûts, ceux-ci seront beaucoup plus lourds si nous attendons encore plus longtemps.

57. Je considère qu'il est impératif d'insister sur le fait que « chercher seulement un remède technique à chaque problème environnemental qui surgit, c'est isoler des choses qui sont entrelacées dans la réalité, et c'est se cacher les vraies et plus profondes questions du système mondial[1] ». Il est vrai que des efforts d'adaptation sont nécessaires face aux maux qui sont irréversibles à

[1] *bid.*, n° 111 : *AAS* 107 (2015), p. 982.

court terme. Certaines interventions et avancées technologiques, qui permettent d'absorber ou de capturer les gaz émis, sont positives. Mais nous courons le risque de rester enfermés dans la logique du colmatage, du bricolage, du raboutage au fil de fer, alors qu'un processus de détérioration que nous continuons à alimenter se déroule par-dessous. Supposer que tout problème futur pourra être résolu par de nouvelles interventions techniques est un pragmatisme homicide, comme un effet boule de neige.

58. Finissons-en une bonne fois avec les moqueries irresponsables qui présentent ce sujet comme étant uniquement environnemental, « vert », romantique, souvent ridiculisé par des intérêts économiques. Acceptons enfin qu'il s'agit d'un problème humain et social aux multiples aspects. C'est pourquoi le soutien de tous est nécessaire. Lors des Conférences sur le climat, les actions de groupes fustigés comme « radicalisés » attirent souvent l'attention. Mais ils comblent un vide de la société dans son ensemble qui devrait exercer une saine « pression » ; car toute famille doit penser que l'avenir de ses enfants est en jeu.

59. Si l'on veut sincèrement que la COP28 soit historique, qu'elle nous honore et nous ennoblisse en tant qu'êtres humains, on ne peut qu'attendre des formes contraignantes de transition énergétique qui présentent trois caractéristiques : efficaces, contraignantes et facilement contrôlables ; cela pour parvenir à initier un nouveau processus radical, intense et qui compte sur l'engagement de tous. Cela n'est pas advenu sur le chemin parcouru jusqu'à présent, mais ce n'est que par un tel processus que la crédibilité de la politique internationale pourra être rétablie, car ce n'est que de cette manière concrète qu'il sera possible de réduire notablement le dioxyde de carbone et d'éviter à temps les pires maux.

60. Espérons que ceux qui interviendront seront des stratèges capables de penser au bien commun et à l'avenir de leurs enfants, plutôt qu'aux intérêts circonstanciels de certains pays ou entreprises. Puissent-ils montrer ainsi la noblesse de la politique et non sa honte. Aux puissants, j'ose répéter cette question : « Pourquoi veut-on préserver aujourd'hui un pouvoir qui laissera le souvenir de son incapacité à intervenir lorsqu'il était urgent et nécessaire de le faire[1] ? »

[1] *Ibid.*, n° 57 : *AAS* 107 (2015), p. 870.

6.

LES MOTIVATIONS SPIRITUELLES

61. Je ne veux pas manquer de rappeler aux fidèles catholiques les motivations qui naissent de leur foi. J'encourage les frères et sœurs des autres religions à faire de même, car nous savons que la foi authentique donne non seulement des forces au cœur humain, mais qu'elle transforme toute la vie, transfigure les objectifs personnels, éclaire la relation avec les autres et les liens avec toute la création.

À la lumière de la foi

62. La Bible raconte que *Dieu vit tout ce qu'il avait fait : cela était* très bon (Gn 1, 31). À lui appartiennent *la terre* *et tout ce qui s'y trouve* (Dt 10, 14). C'est pourquoi il nous dit : *La terre ne sera pas vendue avec perte de tout droit, car la terre m'appartient et vous n'êtes pour moi que des étrangers et des hôtes* (Lv 25, 23). Par conséquent, « cette responsabilité vis-à-vis d'une terre qui est à Dieu implique que l'être humain, doué d'intelligence, respecte les lois de la nature et les délicats équilibres entre les êtres de ce monde[1]. »

63. D'autre part, « l'ensemble de l'univers, avec ses relations multiples, révèle mieux l'inépuisable richesse de Dieu ». Par conséquent, pour être sages, « nous avons besoin de saisir la variété des choses dans leurs relations multiples[2]. » Sur ce chemin de sagesse, il n'est pas sans importance pour nous que nombre d'espèces disparaissent et que la

[1] *Ibid.*, n° 68 : *AAS* 107 (2015), p. 874.
[2] *Ibid.*, n° 86 : *AAS* 107 (2015), p. 881.

crise climatique mette en danger la vie de tant d'êtres.

64. Jésus « pouvait inviter les autres à être attentifs à la beauté qu'il y a dans le monde, parce qu'il était lui-même en contact permanent avec la nature et y prêtait une attention pleine d'affection et de stupéfaction. Quand il parcourait chaque recoin de sa terre, il s'arrêtait pour contempler la beauté semée par son Père, et il invitait ses disciples à reconnaître dans les choses un message divin[1] ».

65. En même temps, « les créatures de ce monde ne se présentent plus à nous comme une réalité purement naturelle, parce que le Ressuscité les enveloppe mystérieusement et les oriente vers un destin de plénitude. Même les fleurs des champs

[1] *Ibid.*, n° 97 : *AAS* 107 (2015), p. 886.

et les oiseaux qu'émerveillé il a contemplés de ses yeux humains, sont maintenant remplis de sa présence lumineuse[1] ». Si « l'univers se déploie en Dieu, qui le remplit tout entier, il y a donc une mystique dans une feuille, dans un chemin, dans la rosée, dans le visage du pauvre[2] ». Le monde chante un Amour infini, comment ne pas en prendre soin ?

Marcher en communion et avec engagement

66. Dieu nous a unis à toutes ses créatures. Pourtant, le paradigme technocratique nous isole de ce qui nous entoure et nous trompe en nous faisant oublier que le monde entier est une « zone de contact[3] ».

[1] *Ibid.*, n° 100 : *AAS* 107 (2015), p. 887.
[2] *Ibid.*, n° 233 : *AAS* 107 (2015), p. 938.
[3] Cf. D. Haraway, *When Species Meet*, Minneapolis, 2008, p. 205-249.

67. La vision judéo-chrétienne du cosmos défend la valeur particulière et centrale de l'être humain au milieu du concert merveilleux de tous les êtres, mais aujourd'hui nous sommes obligés de reconnaître que seul un « anthropocentrisme situé » est possible. Autrement dit, reconnaître que la vie humaine est incompréhensible et insoutenable sans les autres créatures parce que « nous et tous les êtres de l'univers, sommes unis par des liens invisibles, et formons une sorte de famille universelle, une communion sublime qui nous pousse à un respect sacré, tendre et humble[1] ».

68. Cela n'est pas le produit de notre volonté, cela a une autre origine qui est à la racine de notre être, car « Dieu nous

[1] Lett. enc. *Laudato si'* (24 mai 2015), n° 89 : *AAS* 107 (2015), p. 883.

a unis si étroitement au monde qui nous entoure, que la désertification du sol est comme une maladie pour chacun ; et nous pouvons nous lamenter sur l'extinction d'une espèce comme si elle était une mutilation[1] ». Ainsi, nous mettons fin à l'idée d'un être humain autonome, tout-puissant et illimité, et nous nous repensons pour nous comprendre d'une manière plus humble et plus riche.

69. J'invite chacun à accompagner ce chemin de réconciliation avec le monde qui nous accueille, et à l'embellir de sa contribution, car cet engagement concerne la dignité personnelle et les grandes valeurs. Toutefois, il faut être sincère et reconnaître que les solutions les plus efficaces ne viendront pas seulement d'efforts individuels, mais avant

[1] Exhort. ap. *Evangelii gaudium* (24 novembre 2013), n° 215 : *AAS* 105 (2013), p. 1109.

tout des grandes décisions de politique nationale et internationale.

70. Cependant, tout s'ajoute, et éviter l'augmentation d'un dixième de degré de la température mondiale peut déjà suffire à épargner des souffrances à de nombreuses personnes. Mais ce qui compte est une chose moins quantitative : rappeler qu'il n'y a pas de changement durable sans changement culturel, sans maturation du mode de vie et des convictions des sociétés, et il n'y a pas de changement culturel sans changement chez les personnes.

71. L'effort des ménages pour polluer moins, réduire leurs déchets, consommer avec modération, crée une nouvelle culture. Ce seul fait de modifier les habitudes personnelles, familiales et communautaires nourrit l'inquiétude face aux responsabilités non prises des secteurs politiques et l'indignation face au désintérêt des puissants. Nous remarquons donc que, même si cela n'a pas immédiatement un effet quantitatif notable, cela aide à mettre en place de grands processus de transformation qui opèrent depuis les profondeurs de la société.

72. Si nous considérons que les émissions par habitant aux États-Unis sont environ le double de celles d'un habitant de la Chine, et environ sept fois supérieures à la moyenne des pays les plus pauvres[1], nous pouvons affirmer qu'un changement généralisé du mode de vie irresponsable du modèle occidental aurait un impact significatif à long terme.

[1] Cf. United Nations Environment Program, *Emission Gap Report 2022.*

De la sorte, avec les décisions politiques indispensables, nous serions sur la voie de l'attention mutuelle.

73. « Louez Dieu » est le nom de cette lettre. Parce qu'un être humain qui prétend prendre la place de Dieu devient le pire danger pour lui-même.

Donné à Rome, Saint-Jean-de-Latran,
le 4 octobre, fête de saint François d'Assise,
de l'année 2023, la onzième de mon Pontificat.

Table des matières

Achevé d’imprimer
sur les presses de la Nouvelle Imprimerie Laballery
58500 Clamecy

N° d'impression : 309579
Achevé dimprimer : octobre 2023
Dépôt légal : octobre 2023

Imprimé en France